어느 여행자에게

# 어느 여행자에게

이든시인선 068

**이사라** 시집

이든북

| 시인의 말 |

2014년 두 번째 시집을 내고 많은 망설임 끝에 세 번째 시집을 상재하게 되었습니다.

이년 전 시집을 꾸리고 조남익 선생님의 해설까지 받아 놓았습니다.

겁 없이 두 번의 시집을 냈는데 이번 시집은 자신이 없어 미루었습니다.

그러다 코로나, 모든 것이 정지되고 침묵하게 되고.

십년 넘게 매주 화요일마다 수업을 하고 각자의 작품으로 합평을 하던 시간들 보람되고 즐거운 시절이었습니다.

함께 공부한 둔산 시나브로, 한밭문학아카데미 문우들 그립습니다.
오롯이 나의 시를 성장 시켜주시고 시집을 내도록 독려해주신 조남익 선생님께 깊이 머리 숙여 감사드립니다. 그리고 이번 시집을 꾸려주고 애써준 이든북 이영옥 대표님 감사합니다.

내 품에서 아앙대며 나를 힘들게 한 시들…
이제 떠나거라
코로나 없는 세상에 살아가기를.

차례

시인의 말                      4

## 제1부 봄의 햇살

| | |
|---|---|
| 봄 눈 | 13 |
| 돌담 집 | 14 |
| 새가 사는 집 | 16 |
| 용화사 | 18 |
| 비내리는 성지 2 | 20 |
| 다산 초당 오르다 | 21 |
| 엄나무 | 24 |
| 입춘대길 | 25 |
| 정월 보름달 | 26 |
| 거리에서 명화를 보다 | 28 |
| 용산역 | 30 |
| 능소화 | 32 |
| 빼앗긴 봄날 | 34 |
| 발원지 | 36 |
| 흙에서 | 38 |
| 추억의 과자 | 39 |
| 그늘 아래서 | 40 |
| 일기 | 42 |

## 제2부 여름의 대지

| | |
|---|---|
| 벤자민 | 47 |
| 초롱꽃 | 48 |
| 사원의 뜰 | 49 |
| 부활 | 50 |
| 패랭이 꽃 | 52 |
| 은수저 | 54 |
| 꿀벌 | 55 |
| 손등을 본다 | 56 |
| 백마고지 역 | 58 |
| 단독비행 | 59 |
| 그리운 오동나무 | 60 |
| 유월의 찔레 | 62 |
| 사라진 벽장 | 64 |
| 모내기 | 66 |
| 분꽃이 피는 시간 | 68 |
| 여름 밤 | 70 |
| 어머니의 기일 | 72 |
| 어느 문학상 | 74 |

## 제3부 가을 수확

| | |
|---|---|
| 어느 여행자에게 | 77 |
| 수선집에서 | 78 |
| 옐로카드 | 80 |
| 치과에서 | 81 |
| 아궁이 | 82 |
| 벌레에게 | 84 |
| 새벽 | 86 |
| 모시 할머니 | 87 |
| 킬리만자로의 눈물 | 88 |
| 가을날 | 90 |
| 안개 | 91 |
| 착한 식사 | 92 |
| 가을 산 | 94 |
| 감나무 아래서 | 96 |
| 출애굽기 | 98 |
| 벌초 | 99 |
| 냉장고 | 100 |

**제4부** 겨울 천국

| | |
|---|---|
| 가족사진 | 105 |
| 언강을 건너다 | 106 |
| 할머니의 만두 | 108 |
| 25시 편의점 | 110 |
| 시청 앞 풍경 | 112 |
| 수서역 | 114 |
| 달빛 | 116 |
| 할머니의 방주 | 117 |
| 아득한 청춘 | 118 |
| 마른 꽃 | 120 |
| 크리스마스 선물 | 122 |
| 눈길 | 124 |
| 영구차 | 125 |
| 줄배의 추억 | 126 |
| 내가 세상 떠나는 날 | 128 |
| 눈물의 십자가 | 130 |
| 머리카락 | 132 |

|작품해설|
지적인 진정성의 시학詩學 _ 조남익    133

# 제1부

## 봄의 햇살

# 봄 눈

그대 떠난 후
세상은 그대를 잊어버리고
나 또한 잊기로 했지요
그러나 뼈대도 없는 당신
되돌아와 세상을 정복해 버렸군요
내 뺨을 살짝 때리고 스러지는 연민
아쉬운 스킨십
부드러우면서도 나뭇가지 꺾어 버리고
뭉치면 사람도 되는 힘도 있었지만
세상인심은 물로 흘러가고
나 또한 벌써 핀 산수유를 보고 말았지요
찬란한 봄에 눈 맞은 세상
한 시절 여행자로 왔다가
순례자가 되어 가시지요

보랏빛 꽃잎 땅에 떨어지는
세월은 조금 쓸쓸할지 모릅니다

## 돌담 집

나는 다시 집을 짓는다면
돌담을 쌓겠다

반듯한 돌 아니어도
모나고 둥글고 작고 크던
발길에 채이고
강물 소리 가득한 돌들
이리저리 맞추다가
작은 틈 생겨도 막지 말아야지

사람 사이도 들고 나는 틈 있어야지
담장 밖으로 오가는 사람들
앞섶 열려 속살 보이듯
우리 집 엿보기도 하겠지
세월이 그런 틈 매워주겠지

유난히 밝은 달빛 춤추는 밤
돌들도 신열로 잠들지 못하고

돌마다 흐르는 달빛 눈물
풀벌레 울음 쌓이는 담장
넓은 오동잎 가만히 쓸쓸한 밤 덮어준다

사람들은 모두 타향에서 살아가듯
돌들도 담장 너머 고향으로 고개를 돌린다

# 새가 사는 집

새들이 떠난 빈 둥지
저 혼자 흔들리는 나무
새벽 안개 잠들어 있다

눈 뜨면 먼저 먹는
알약들
내 몸에 심는 씨앗이다

집 짓는 거미줄에
걸려 있는 처방전
내 몸 사용 설명서다

가족사진 속 웃고 있는 새들
쉬이 돌아오지 않을 것이다
그들은 아직 긴 터널 속 날고 있겠지
터널 벗어나 눈부신 세상 만날 때
문득 잊었던 새가 사는 집 생각나면

새들도 외로운 목을 돌려
서쪽 하늘 보겠지

깃털 쌓인 베란다 창 밖에
노을 가득 실은 배들이 하나 둘 정박하고 있다
하현달이 낚시에 걸린 푸른 물고기 같다

바람 불지 않아도
삭신 아픈 소리
흔들리는 나무 둥지에
오색 빛깔 예쁜 모이를
열심히 챙겨 먹는
새가 사는 집

# 용화사

우리 아파트 근처의 용화사
담장 길 지날 때마다
부처님보다 먼저 보이는 꽃들에게 인사를 한다
벚나무 목련 매화 빨간 단풍 탐스런 불두화

어느 날
꽃나무들 사라지고 앙상한 담장만 남았다
주지 스님을 만나 서운함을 말하였더니
뿌리들이 담장을 무너뜨려 어쩔 수 없어서란다

몇 십 년 아름다운 꽃으로 보시하였으니
이제 그만 해도 되지 않을까요?

부처님도 그리하라 하셨을까
우리는 꽃을 보는 것이 기쁨이고
스님은 담장 무너지는 일이 근심이고
세상 일 갈라놓는 담장이 없다면

나무가 있어 뿌리가 살았을까
뿌리가 있어 나무가 살았을까

가지에 쉬던 바람 사라진
절 마당에 가득한 적막
담장을 위해 순교한 나무들
사리도 영롱하겠다

# 비내리는 성지 2

오랜 설렘 끝에 찾아간 성지
회색빛 안개에 젖어있다

모래처럼 푸석거린 나의 믿음
풀이 되어 주저앉고 있다
믿음을 지키기 위해
목숨 바친 성스러운 땅에서
비바람 피하려고
작은 우산 속에 몸을 웅크린
나는 유다의 후손
자연의 채찍 앞에 한없이 약해진
나의 믿음

우산을 던지고 돌아서 가다가
다시 돌아보니
벗어 던진 허물 나의 믿음이
비에 젖고 있다

# 다산 초당 오르다

남녘 땅 강진
작은 산이 바다를 가리고
붉은 동백 순례자의 눈을 밝혀준다

하늘이 인재를 내는 것은
한 시대의 쓰임을 위한 것
차 동산의 지명으로 호는 茶山,
차의 문화를 세운 茶人 정약용

정조 임금이 아끼던 신하
그 뜻을 받들어 수원성을 축조 할 때
기중기를 발명하여 빠르게 성을 완성시킨 과학자

이 나라 고질병 당파 싸움에
西敎 신자라는 죄명, 형제가 귀양길에 오르다
초당 서편 큰 바위에 유배지에 살고 있는 자신을 새긴
丁石 두 글자
외로움에 날을 갈아 바윗돌을 깎다

흑산도와 강진 이백리 길
절해고도 흑산도로 유배된 형이 그리워
동암재 언덕에 오르면
먼 바다 한 조각 보이나
파도 소리 들리지 않는다

고향에 두고 온 아내와 어린 자식들 모습
찻잔에 맴도는 잔영
부인의 낡은 여섯 폭 치마에
시를 쓰고 산수를 그려 자식들에게 보내다
밤마다 초당 뒤편으로 부는 바람
댓잎 소리 가슴 에이다

18년 간 유배 생활 할 때
목민심서, 흠흠신서, 경세유표, 실사구시의 정신으로
500여 권을 저술한 철학자며 사상가
2500여 수의 시를 남긴 문호
영조 임금 때 태어나 헌종 2년 75세로 생을 마감

남양주군 조안면 능내리 고향에 묻히다
순종 4년 정헌대부 문도공의 시호를 받아 복권되다

순례자들 발길에
벗겨진 억센 나무뿌리 계단
울창하게 자란 나무들 긴 역사 속으로
실학의 집대 성지
다산 초당에 오르다

# 엄나무

큰 어머니는 엄나무였다

사립 문 옆 나무 한그루
무슨 보물 지키려고
엄하게 서 있는지
청상에 자식 하나 없이 살아도
동백기름 반짝이는 쪽진 머리에
반듯한 가르마
하얀 앞치마에 여민 세월

귀신도 무서워라 도망가는
너무도 엄해서 외로운 나무다
내게도 작은 가시 소름처럼 돋아나는
언제나 두려웠던
큰 어머니 옆에
엄나무 한 그루
그리운 경찰관

## 입춘대길
― 조민수 입대


따뜻한 이불 속에서 태정태세문단세예성연중인명선
역사가 좋다며 외우던 장손자는 소풍날 아침처럼 입대하러 가네
첫 손자 태어날 때 "우리 애기는 군대 안 갈거여"하시던 시어머니
그 손자 아들이 군대를 가네
아직 앳된 푸른 이마에 햇순 같은 손으로 작별 경례를 하네
할아버지도 에미도 모두 하늘을 보네
하늘은 눈물을 닦아주는 손수건이네

어서 봄이 와야지
철책도 말랑해지고
날선 바람도 말랑해지고
늑대와 산토끼가 함께 노는 골짜기
군사 분계선에 직립의 시간을 세우고
군인의 노래를 외우겠네

을미년 입춘대길

## 정월 보름달


― 여보 보름 달 좀 봐

나는 TV를 보며 졸고 있다
새벽 세시 지나 잠을 깼다

― 일 년에 한 번인데
　몇 번이나 본다고 ―

남편의 말이 웅웅거렸다
창가로 나갔더니 달은 보이지 않고
적요한 바다만 가득하다
뒤 베란다로 갔더니
달은 아직도 나를 기다리고 있다
파랗게 언 얼굴로

일 년에 한 번 만월이 되기까지
천개의 별들이 흘러갔으리

건너 방에도
외로운 달이 잠들어 있다
살을 베어내고 남은
초승달

# 거리에서 명화를 보다

커피 향기 묻어오는 낙엽
가득 실은 리어카를 세워놓고
늦가을 햇살 잠깐 머문 공원 어귀
컵라면을 먹는 노인
구리 빛 얼굴에서 언뜻 스치는
명화 속 한 장면

뭉툭한 손가락 끝에 매달린 자식들 눈
살아온 길 깊은 주름
우악스레 눈 부릅뜨고
세상 구석구석 만드느라 고단한 아담
당신들은 성실한 지구촌 사람들

지는 해가 빛나는 금빛 도금
순도 높은 땀의 결정
명화 속 그분의 얼굴이다

미켈란젤로
단 하나의 명화

리어카에 황금 가득 싣고 가는
행복한 아버지

# 용산역

용산역에서 무궁화호 열차를 탄다

서서히 움직이는 기차
물방울 매달리듯 따라오며 손 흔드는 손자
한 조각 아픔이 고이는 가슴
오늘은 할머니를
다음에는 아빠를
훗날 자신을 배웅할 것이다
수레를 밀고 가듯 손님들의 힘으로 열차는 간다
밀납 인형처럼 졸고 있는 창마다 흐르는 햇빛
객지의 겨울 서리가 녹고 있다

아련한 흑백의 추억
기차를 타면 삶은 계란
늘 목이 메었다
둥근 렌즈 터널을 지나고 있는 열차
꽃송이 한 장 인화되어 나온다

― 이 열차는 곧 서대전역에 도착합니다
걱정 보따리는 그냥 두시고
안녕히 가십시오

세상에 머물지 못하는
천상의 열차는 다시 떠난다
돌아올 수 없는 어느 날처럼

용산역에서는 완전하게 가는 열차를 탄다

# 능소화

타향살이 같은 아파트로 이사온 지도 이십 년

마당어귀에 상추 아욱 쑥갓 심어 놓고
살구나무 감나무 석류
모두 붉은 열매 대추까지
들마루에 한광주리 담아 놓으면
초대받고 온 손님들 가슴에
앙증맞게 빨간 꽈리를 달아주겠다
검푸른 토란잎 위에 수정 같은 구슬이 놀고
별들도 한마당 내려오는 여름 밤
들마루에 누운 아이들 사이로
향긋한 분꽃 냄새

세상의 중심인 듯 빛나던 뜰
시들지 않는 꽃송이들
이룰 수 없는 욕망도
아낌없이 주저함 없이
뚝뚝 떨어지는 뜻은

사랑은 이런 거라네요
예쁜 건 모두 별이 되겠지
세상을 밝히는 등불이겠지

지금도 환하게 보이는
그리움의 정원
초록 대문 옆 지천으로 피던
고향 같은 능소화

## 빼앗긴 봄날

유난히 맑은 햇빛의 유혹
두 여자가 나물을 뜯으러 나섰다
겨울 추위에 붉은 잎 위로 초록빛 살짝 머금은 냉이들
하얀 뿌리 드러나면 상큼한 내음
쏠쏠하니 캐는 재미에 빠져간다
냉이는 점점 많아지더니 노다지다
신나면서 살짝 미심쩍은 불안
그때 아줌마~!!!
험악한 고함 소리 함께 달려온 아저씨
여기는 우리 냉이 밭이여
풍선에 바람 빠지는 목소리로
우리는 저기서도 뜯었는데요
거기도 우리 냉이 씨가 날아가서 난거여어
그럼 바람도 아저씨건가요?
뭘 모르시네 씨가 중하잔여 어 씨
고발하면 벌금 물어야 한다는 엄포에
애써 뜯은 냉이를 뺏기고
풀죽은 당나귀처럼 돌아왔다

태양도 구름 속으로 숨어버리고
짹짹거리던 새들도 침묵했다
부끄럽고 억울하고 우습기도 한
생애 같은 봄날 하루

변덕 심한 바람의 언덕에
하얀 냉이 꽃 순하게 피어 있겠지

# 발원지

지난 밤 기척도 없이 비가 내렸다
모두 잠든 밤 홀로 일하는 어머니처럼

부모님은 들로 가신 아침
텅 빈집 마루 끝에서
사립문 밖으로 향한 발자국을 본다

추녀 아래로 떨어지는 빗방울
둥그러니 꽃으로 피어나고
마당 가득 물 향기 퍼지던
지상의 집은 물 속 그림자 되고
다시 돌아온 발자국 보이지 않는다

자국마다 찰랑이며 넘쳐흘러
비록 시작은 작은 물줄기였으나
끝은 장대한 바다를 이룬다는
말씀이 한 발자국 안에 맴돌던
저 물은 내 생이 저물 때까지

먼 강으로 흘러가리라

나를 키운 강의 발원지
아직도 나의 발자국에는 물 고이지 않는다
한 줄 시가 메마르다

# 흙에서

애야
하느님이 만물을 흙으로 만드신 게 분명하구나
매일 닦아도 먼지가 쌓이는구나

무릎을 꿇고 기도하듯이 마루를 닦는다

어머니 팔 다리 허리에서 떨어지는 흙
나는 저 흙에서 돋아난 새싹이었지
든든한 뿌리 내리고 살았지

― 너희는 먼지니 먼지로 돌아가라 ―

## 추억의 과자

동창회 끝나고 돌아오는 오후
아파트 후문 리어카에 수북하게 쌓인 과자 위에
― 추억의 센베이 라고 써놓았다
살짝 웃음이 나온다 한 봉지 사가지고 계단을 오른다
추억들이 바스락 경쾌한 소리를 낸다

아버지는 장날이면 그 과자를 사오셨다
과자는 잘 구워진 노을이 물들고
봉투에 담겨져 부서지기도
그때는 박살나기도 쉬운 시절
옛것만 못한 세상의 맛
추억으로나 먹으란다

과자에 박힌 깨알 몇 개
아버지의 별은 희미해졌다
조각달 뜨는 저녁이 조수처럼 밀려올 때
환한 아궁이 앞에 일렁이는 어머니의 그림자
갯내음 나는 파래
목에 걸리는 푸른 추억

## 그늘 아래서

오랜만에 찾아온 공원
적막한 그늘을 깔고 앉아있다
의자는 삭아 이빨 하나 빠져있다
많은 시간을 버리고 돌아온 탕자처럼
가난한 마음으로 앉아있다
나무들은 더욱 울울하게 자라고
그늘은 무거워졌다
뿌리들은 깊은 곳에서
길어 올리는 그리움으로
피어난 잎새들은
뿌리의 어두운 세상을 알고 있을까

해는 정오에 머물고
은빛 비늘이 눈을 찌른다
잎새들도 칼을 품고 있구나
때 이른 낙엽 하나 날아왔다
나무의 말이 적혀있다
그늘에 가둔 그리움은

이리도 가벼운 것이라고
그늘을 벗어 놓고 나왔다
쓸쓸한 풍경 낡은 의자에 남겨두고

# 일기

11월 1일 토요일 흐림

대전문학관 가는 날
차라리 비가 많이 내리면 오늘 일정을 포기 할 수 있을 텐데,
구름이 묵직하게 소파에 앉은 나를 젖게한다

할로윈 데이 행사를 하러 마법의 고깔모자를 쓰고 검은 망토를 입은 아이가 엄마 손을 잡고 노란 은행나무 밑을 가는 모습이 웃음 짓게 하던 엊그제였는데 빛나던 10월과 12 사이 11월은 흐리게 오는구나

9시가 되려면 아직 30분이 남았다 한동안 걸어 두었던 보랏빛 가방을 들어볼까 하고 가방을 열고 주머니를 뒤졌더니 대박, 오만 원 짜리 한 장이 나왔다
음~ 오늘 서둘러 나가야겠다 그리고 또 다른 주머니를 뒤졌더니
보험 설계사 신나리 010—8899—××××
반짝이는 비즈 장식이 예뻐서 아끼던 까만 볼펜이 나왔다

삼십대 젊은 여자였는데 급성 암으로 죽었다는 소식을 들은 것이 얼마 전쯤이다
 같은 가방에서 돈이 나와 기쁘더니 죽은 사람이 준 볼펜이 나와 기분이 나쁘다
 그냥 집에 있을까?

 우리 교회에서는 11월을 위령 성월로 정하여 죽은 이들을 위하여 기도하고 마지막 남기는 글을 미리 쓰기도 하고 산소 참배도 한다 내가 기억해야 할 영혼들 그 안에 이 볼펜 주인도 끼워 주라는 뜻인가? 별로 친한 사이도 아니었는데…
 좋은 일과 나쁜 일이 동시에 있어 기울기 잘 하는 나를 헷갈리게 한담
 균형 잘 잡고 살아가라는 뜻인가?
 9시, 현관을 나선다

부~웅 시소가 수면 위로 나를 떠올린다
11월의 목에 두터운 스카프를 두르고
보랏빛 빽을 들고

오늘 저를 시험에 들게 하소서

# 제2부
# 여름의 대지

# 벤자민

물속에 얼비치는 풍경
오래된 아파트가 보인다

거실에 새잎 반짝이는 벤자민
보행기를 밀고와 까치발로
초록 잎을 따던 아이들 키운 나무

세월도 틈이 생기고
벤자민보다 훨 자란 아이들
나비되어 날아간다

아이들이 남긴 얼룩 꽃으로 피어날 때
뼈마디 곳곳에서 소리가 나는 집
먼 곳에서 들리는 아이들 웃음소리
풍경으로 울리는 나무

깊은 그리움 넓은 그림자 드리우고
올해도 촘촘하게 새잎을 피운다

## 초롱꽃

홀로 피어 불 밝힌 꽃

한 겹, 홑이불 안개 속
모로 누운 달빛 아래

솜털 보송한 소녀
고개 숙인 부끄러움

얼비치는 숲속 작은 길을
달빛 한 짐 어깨에 메고

소쩍새 울음 휘어지는
산자락 넘어 오는

그리운 발자국 소리
이슬 젖는 저 등불

## 사원의 뜰

미사 끝나고 불 꺼진 성당

푸르게 언 달빛

주렴으로 내리는 사원의 뜰

홀로 마당을 거니는 사제

유장한 경전이 펼쳐 있다

# 부활


수행은 정월 말누날 시작된다

아득한 허공에 매달린 날들
메마르는 가슴 미어지고
모든 상처는 꽃으로 피어난다

성자는 사십 일 광야를 가고
사해에 잠긴 달
수행의 날은 대략 40일이다
모든 걸 버리는 것은
모든 걸 완성하는 것
"다 이루었다"
고통으로 고통을 물리치고
다시 세상 밖으로

어느덧 산수유 핀 부활절 아침
눈부신 햇빛 눈물처럼 흐르는

잘 익은 항아리 속
말갛게 풀어낸 단맛 가득하다

장맛이 좋아야 집안이 평안하지
날마다 장독 곁에서 외우던
어머니의 주문

## 패랭이 꽃


남산 너머 비알밭 김매러 간 아버지
새참 막걸리 주전자
날된장에 풋고추 소쿠리

햇빛 바다에 잠긴 한낮
숨 막히는 적막
타박타박 걷는 발 아래로
가문 땅이 자꾸만 내려앉는다
뽀얀 먼지 뒤덮은 자갈 길 옆에
유별나게 빨간 패랭이꽃
힘든 고비 마디마다 매듭진
가냘픈 대궁에서 피었다

지금은 기억도 폐허처럼 사라진
비알 밭가는 길
푸른 콩밭이랑 뒤지는 장끼 한 마리
날아오르는 하늘 보고 딸을 보던 아버지
가끔 나를 옛날로 밀어 넣을 때

뿔처럼 솟아오르는 그리움

아득한 자갈 길 옆에

쓸쓸한 깃발 하나

패랭이 꽃

# 은수저

금 수저를 물고 태어났다
흙 수저를 물고 태어났다

수저 없이 밥 먹기 힘들지만
수저는 정작 밥맛도 모르는 것을

어리석은 이는 금 수저로 먹어도
참 맛을 모르지만

지혜로운 이는 흙 수저로 먹어도
참 맛을 아는 혀 같다

내 식탁에 두 벌 은수저
마음 닦으면 언제나 빛난다

한 생을 맛있게 퍼먹는
두 사람의 수저 은은하다

# 꿀벌

작은 벌 한 마리
어느 틈으로 들어왔는지
꽃마다 열심히 꿀을 빨고 있다
문득 출구를 찾아
수없이 유리창에 부닥친다
촘촘한 방충망에
기를 쓰고 길을 찾는다
벌벌 날아다니며
잉잉 울고 있다

우리 아기 젖 먹일 시간이야

창을 열어 주었다
이렇게 활짝 열린 세상을
처음 보았는지
쉽게 출구를 찾지 못한다

다디단 꿀을 먹으면서도
쓰디쓴 하루 벌이를 하는 꿀벌

## 손등을 본다

비탈에 선 나무
억세게 드러난 뿌리
물 푸는 소리

맨손으로 뜨거운 국 냄비도 잘 들더니
거기다 찍어 버려 사라진 지문
물불 안 가리고 칼도 잘 다루다가
수없는 상처 흔적
작은 씨앗 같은 욕심 움켜쥔 손바닥
어느 곳에 금맥이 있는지 풀 수 없는 손금의 비밀
한때는 맑갛게 여린 실핏줄
가야금을 뜯는 귀인의 손이라더니
어느덧 가을
마른 잎맥 구르는 소리 버슬거린다
억세게 살아온 길 드러난 정맥 감추고 싶다가도
우리 다섯 식구 얼굴 도렷이 박힌
손톱

손톱만큼도 부끄럽지 않은
손등을 본다

# 백마고지 역

붉은 속 드러낸 세월
긴 기다림 돌들이 까맣다

너무 맑은 적막
숨 막히게 하는 깊은 풍경

백마고지 역에 내린 이들
녹슨 철길 천리처럼 걷는다

평생의 평행선이 정지된 곳
돌아가야하는 이들 시간도 멈추기를

백마는 기다린다
저 능선을 넘어 달려가야 하는 날을

여기서 울지 말아요
곧 기차가 오겠지요

# 단독비행
― 예진이 유학

한번 날아 오른 새는 돌아보지 않는다

뜰에서만 놀던 어린 새
기린의 목으로 하늘을 보더니
어느 날 단독 비행
―드골 공항에 도착― 카톡
그가 손바닥 모바일에 들어있다
에펠탑 근처에 둥지를 틀었단다

젊음의 시계는 정오에 머물고
도도한 파도는 밀려온다
자신의 날개를 믿는 새는
나뭇가지 부러질까 걱정 않는데
나의 나무 흔들리는 건
그리움이 집을 짓기 때문이다

너의 날개는 매일 자라고 있겠지
큰새의 그림자 보고 싶다

## 그리운 오동나무

뒤울에 커다란 오동나무
봄이면 보랏빛 꽃들 별처럼 달리고
가을 밤 슬픈 소리 구르던 나무

소리의 심장을 지니고 태어난다는 신비
순하고 무른 그 나무
세월 비 맞아 삭히면
단단하고 가벼운 몸통이 되고
악기장의 손끝에 다듬어져
열두 줄 천상의 맑은 소리 가야금이 된다는
그런 나무 몸속 깊은 병을 앓고 있어
푸른 수피 지닌
벽오동이 되었는지

다시 그리움으로 찾아왔을 때
언제 사라졌는지
그 나무 보이지 않고
아픔으로 들리는 한 줄 가야금 소리

가을 앞에 선 내 어깨 가만히 덮어주는
넓은 오동잎

## 유월의 찔레

봄꽃 저버린 유월은
공복에 들이킨 초록 물감
속쓰리다

찔레꽃 가뭄이란다

보리는 아직 덜 익고
어머니의 가는 허리
가시에 찔리는 보리 고개

사방 둘러봐도 꽃은 보이지 않는데
어디선가 상큼한 향기
언덕 아래 들찔레 하얀꽃 무더기
숨어서 피어 있다
무엇이 두려워 이 골짜기 가시로 무장하고
향기로 먼저 길을 만들었나
감자 잎도 축 늘어진 둔덕에
산산이 날리는 꽃잎

벗어 버려도 될 시간처럼 내려앉는다

목마름도 고통도 기다림인 듯
한해의 절반이 가시에 찔리며
선혈 맺히는 유월

## 사라진 벽장


안방에 벽장이 있었지요
동그런 놋쇠 손잡이가 달린
어린 내가 까치발로 문을 열면
엽연초 뭉치
해소에 먹는 약 상자
오빠와 내가 공모해서 먹던 조청단지
두런두런 부모님의 대화 한 자루
검은 고양이처럼 웅크린 호기심의 세상

나의 키는 자라고 호기심은 작아졌지요
아버지의 기침 소리 사라지고
귀신도 도깨비도 살고 있던
벽장은 봉해지고
동그런 손잡이만 달랑
외로운 어머니의 벽

벽지의 꽃들도 시들고
벽장 없는 벽에 기대어

시간의 잠속에 벽장문을 열면
도라지꽃 패랭이꽃 들찔레 향기
풀여치 방아깨비 귀뚤이
오리온자리 큰곰자리 아기별들
박하사탕 눈깔사탕 와르르 쏟아지는
내가 철모르는 벽장 되고 싶네요

# 모내기

오랜 가뭄 끝에 단비가 내렸다
이앙기가 지나가면
종대로 횡대로 줄맞춘 어린 모들
촘촘하게 누빈 초록의 옷 한 벌이다
하늘도 몸을 담근
따뜻한 물 가득한 다락논
맨발로 부드러워진 땅에
가뭄을 이긴 힘으로 자란
늦은 모내기를 한다
모심기 끝난 논마다
넘실대는 세상의 평화

한 여름과 청춘을 진흙 속에 묻은 아버지
그의 발자국 소리에 벼들이 자라고
우리 또한 오롯이 이삭을 맺었다
아무것도 아닌 농부였으나 하늘만 믿었고
하늘 다랑이 논두렁에 생을 맡겼다

나의 출발은 언제나 늦었다
늦었으나 가을 수확을
내기하며 기다린다

## 분꽃이 피는 시간

여름날 긴 하루 그림자는
저녁 어스름으로 살아난다
모든 빛바래서 하얗던 마당가에
늙은 어머니와 올케가
맷돌을 가는 들마루 옆에
작은 분꽃 다소곳이 피어있다

한 대접 찬물에 밥을 말아 먹던 식구들
어디가 불편한지 잠들지 못하고
칭얼대는 애기 우는 소리
점점 어두워지는 밤이 무서운지
어느 집 개가 짖고 있던 마을

꽃마다 아름다움 있듯이
사람마다 그늘 드리워진 마음 바닥에
앙금처럼 쌓인 그리움
아름다워서 슬픔이기도 한
여름날 오래된 시계처럼

분꽃이 피는 시간

만지작거리던 바람에 실어
지상의 마지막 호흡 멈춘 시간*
임강빈 시인의 부음 문자가 왔다



* 임강빈 시집 『바람을 만지작거리다』에서 인용

# 여름 밤

밤마다 비가 내린다
창을 때리는 빗방울 유탄 소리에
잠을 깬다
나에게 아직도 무엇이 남아
모서리가 닳도록 열어 보는 옛 생각들
침상 옆으로 강이 흐른다
강물 함께 흐르지 않는 산 그림자
타임머신을 타고 갈 수 있다면
후회 없는 삶 다시 살아 보고 싶다

베란다 창을 껴안고
밤을 새우는 나그네가 있다
젖은 날개가 무거운 밤
지난했던 지난밤이 서러워
목이 쉬도록 울겠지, 매미는

없는 길도 자유로이
길을 만들어 가는 빗물

도저히 돌아올 수 없는 길을
산을 두고 간다

강보다 깊은 빗물
빗물보다 깊은 여름 밤
밤마다 명치끝이 아픈 산에
비가 내린다
검은 새가 울고 있다

# 어머니의 기일

부처님 오신 날 사흘 뒤
열하루는 어머니 기일
깜빡 잊고 말았다

거무*같이 외로운 내 아들
외상주 힘들어
춥도 덥도 않을 때 죽어야지
주문처럼 외우시더니
아카시아 향기 진동하고
먼 산에 소쩍새 울고
열하루 달 환하게 마을 길 비추는
푸근한 봄밤
그 소원 푸셨다

바위 같은 은혜는
몇 개 작은 돌로 남고
내 자식들 걱정만 탑을 세운다

용화사 담장에 등불 밝히면
어머니 기일 기억해야지
또 잊지 말아야지

까마귀 한 마리 날아가고 있다



* 거미의 사투리 발음

## 어느 문학상


영원한 천안 사랑의 시인
팔월 십칠일은 의제헌 김명배 선생님의 기일입니다

제1회 선생님의 문학상 시상식이 천안 각원사에서 있었습니다
생전에 다니던 각원사 숲 수목장으로 영면하고 계신 분
유고시집 『아름다운 초대』와 『보이지 않는 그리움』
부부의 시집도 상재가 되어 의미가 컸습니다

하얀 모시 적삼에 남색 치마 은발의 이진학 여사
선생님의 노랫말 「천안 흥타령」
작곡한 분이 직접 불러 식장이 더욱 흥겨웠습니다

선생님의 극락 영생을 빌고 대웅전을 나서는데
기둥 뒤로 사라지는 지팡이
어느 해 스승의 날 선물한
마지막 뵙던 때 잘 쓰고 있다 하던 지팡이
늘 어지러운 제자의 글에도 지팡이가 필요합니다
팔월의 늦더위 각원사 지붕에 끓는데
하얀 길 하나 눈부시게 보였습니다

# 제3부

# 가을 수확

# 어느 여행자에게

여행을 떠나야한다는 그대
혹시 흐린 날이나 바람 부는 날
혹시 목적한 곳이 황량한 곳이라도
실망하지 말아요

길을 잃어버린다 해도
새로운 길은 언제나 보이는 것
우리를 살게 하는 건 그리 큰 것도 아니기에
상처는 치유하기 위한 것이기에
그대가 지친 새가 되어 문을 두드리면
곧바로 열어 주려고
계단에서 늘 기다리는 사람 있으니
그대의 배낭에는 따뜻한 돌 하나면 되리라
어느 허름한 여인숙에 하룻밤 묵는다 해도
여행자로 떠난 그대
거룩한 순례자로 돌아오라

병약한 사람으로 떠났으나
청년이 되어 돌아오라
한잔 낮술에 익은 얼굴로

# 수선집에서

깨어진 유리창 반쪽 남은 창 앞에
미싱을 돌리며 옷 고치는 아주머니
돋보기 없이 바늘귀에 실꿰기가 힘들다
그래도 이 귓구멍을 낙타가 지나가는 일이 더 쉽다니
부자는 낙타보다 더 큰 동물인가
벽에는 각색 실들 감겨진 실패들
실패한 나라 국기들처럼 걸려있다
청바지 스커트 자켓 코트
유행 따라 수선해 달란다
수선한다고 짝퉁이 명품 될까만
앞집 식당 아주머니는 오늘 안과에서
쌍꺼풀 수술하고 왔다
애당초 태어날 때 잘 태어났어야지
수선한다고 김태희 될까만
고칠 것들 넘치는 세상
낙타는 바늘귀 앞에 무릎을 꿇고
미싱은 사막 모래에 묻힌 다리가 아프다
돌리고 돌리고 돌리는 미싱

촘촘하게 박히는 아픔의 뿌리
낙타의 발자국

## 옐로카드

희미한 바람에도
올이 튀는 가을은 실크다

내 입에서 나간 수없는 말들 매달고 있는 나무
그 낡은 문패를 땅에 묻고 싶다
겨울 건너 봄 오면
새 도로명 주소를 등록하고 싶다

백미러에 따라오는 낯선 얼굴
세상에 물들지 못하는
이기적인 나무에 매달린 은행잎

잠시 이 도시를 떠나라는
옐로카드다

# 치과에서

그날은 두렵고 떨렸다
불안감으로 졸아든 내 몸
수조에 납작 엎드린 물고기 힌 마리
수없는 기도만 뻐금거린다
마취 되지 않는 시간의 초침
건조하게 심장을 두드린다

하나 둘 셋
뽑혀 나온 씨앗 세 개
오래된 집은 이끼가 끼어 있다
우리의 저녁 시간은
간단하게 끝났다

허무하게 뽑혀버린 그 자리에
한 톨 외로움을 던져 놓고
휘청거리는 저녁나절
바람만 머금은 빈집 마당
뜻 모를 슬픔
습관처럼 물든 노을이 눈부시다

# 아궁이

틀니를 뺀 언니의 쪼그라든 입
까만 아궁이
폐광의 입구다

긴 숨 몰아 불쏘시개로
불 지피던 새댁
엄마의 얼굴로 환하게 빛났다
날름대는 불꽃 혀가
세월을 핥아 늘어난 주름
팔십 넘은 할머니 얼굴

쪼그리고 앉아
국 끓이고 뜸들이던 밥
애간장 태운 하얀 기도
하늘로 올려 보낸 저녁 한때
아궁이에서 굴뚝까지 멀다

하얀 시트가 덮여진다

재만 남은 식어진 아궁이에서
한 마리 새 검은 강을 건넌다

# 벌레에게

나는 지렁이만큼 땅을 일구지 못했다
풀 여치처럼
푸른 날개 펼쳐 보지 못했다
숨어서 우는 벌레들
나는 누구를 위하여
밤마다 기도하지 못했다

벌레만도 못하다 하지 말걸
무심하게 밟고 있는
그들의 지하 삶터 있는 미로를
굳게 닫힌 마음
시멘트로 포장해 버렸다

벌레들의 아파트 큰 나무들
파도같이 밀려오는 화염 속
함께 산화된 생명들 위해
나무는 타닥타닥 소리 내며 울었다

마주 볼 수 없던 벌레의 눈들
모두 별이다
밤마다 눈 맞춤한다

# 새벽

새벽은 새로운 벽이다
지난 밤 온갖 소식 한 짐
던져지는 신문소리
벽이 흔들린다

견고하지 못하는 새벽도 벽이다
벽이 있어야 지탱하는 문 있다
현관문 앞에 지혜가 앉아
문이 열리기를 기다리고 있으려나
나팔을 불기 위해 벽을 기어오르는
나팔꽃 여린 손을 위해서

넘지 못할 벽은 없다고
기를 쓰고 이벽을 넘으려 한다
다섯 손가락 지문 위에
붉은 나팔꽃 피어나는
새벽이다

# 모시 할머니

인도의 간디옹처럼
토방 위에 바짝 마른 할머니

오물오물 입안에서 갈라지는 실타래
송곳니가 닳도록 갈라놓은 실들
무릎에 대고 비벼서 이어놓는다
삭정이같이 마른 무릎에 하얀 달빛 보인다
천근 무거운 삭신 두드리며 엮은 모시는
왜 이리 가볍기만 한가

뜨거운 여름 한낮
세모시 적삼에 비치는 은은한 박하 향
사뿐 걸어가는 그늘 한 자락도
고요히 눈부시다
투명한 날개 정갈한 나비의 옷

한 벌 모시옷 횃대에 걸어 두고
할머니 문지방 너머 저 세상 갈 때
무논 가득 출렁이는 푸른 모시풀

## 킬리만자로의 눈물


아프리카 최고의 산
정상에 눈 내리고 또 내려 쌓인 빙산
그 빙하가 사라지고 있다
무릎까지 쌓이던 눈은 어디로 갔나
킬리만자로의 눈물이 마르고
푸르렀던 초원 누렇게 마르고
껍질만 남은 커피 콩 나무들
온난화로 파괴되는 자연
초미세 먼지에 앞이 보이지 않는 지금
플라스틱으로 세워진 건물 위로
비닐봉지 하늘을 날고 있다

몇 년 전 찾아간 백두산
구월이면 입산이 금지된다고
한창 더운 칠월
백두산 머리에 하얀 꽃핀 것 같은 얼음덩이 걸려있다
두꺼운 얼음덩이 아래로
졸졸 눈물 흐르고

허리 굽힌 노란 싹 하늘을 보고 있다
이제 싹이 트면 언제 꽃을 피워보나
봄이 없는 동토의 산

조용필이 열창한 '킬리만자로의 표범'
수만 년 침묵하고 있는 영봉에 고독한 표범의 포효
다시 눈 쌓이고 빙하로 덮히는
하얀 영혼의 설산 아래
킬리만자로의 눈물 흐르기를

# 가을날

이토록 청명한 날
그냥 보내면
가을에 대한 예의가 아니지
겨울 오기 전에 열리는 축제
서둘러 산으로 간다
넓은 바위에 나를 벗어 말린다
앞으로 뒤로 옆으로
내 몸 어딘가 숨어 있을
고약한 바이러스들과 세포
태양 레이저에 죽을 것이다
하얗게 표백된 나는
가을 산 넘어가는
한 마리 새

지상의 집을 두고

# 안개

아파트 창 너머
점령군처럼 밀려온
안개 군단
포위된 마을은 아직 잠들어 있다
눈에 익은 앞산과 저 골목 건물들이
어느 유적지처럼 신비롭다
희미한 안개
그 마음 알 길 없고
내 마음도 다 알 수는 없다
나의 꿈은 언제나 옛날에 머물러 있다
끝도 모를 안개 바다에 추락하다
움찔, 깨어나던 꿈
나는 아직도 덜 자란 아이로 늙어간다
가을 깊어갈수록
밤 사이 떨어진 낙엽을 염하는
영혼의 이불

## 착한 식사


대전문학관 강좌 끝나고
함께 간 친구와 헤어지기는 애매한 점심시간
그 동네에 이천 원하는 짜장면 집이 있단다
한동안 먹어 보지 않았던 짜장면과 싼값에 꽂혔다
손잡고 찾아간 식당
하얀 레이스가 덮힌 식탁과 빛나는 접시는 아니지만
붉은 프라스틱 그릇에 부추를 넣어 뽑았다는
초록의 면발, 예쁘고 쫄깃하다
얻어먹어도 미안하지 않고 누가 돈을 내도
마음속과 뱃속이 편한 착한 식사
가을 하루가 가벼운 구름으로 떠간다


집으로 돌아오는 버스에서 생각난다
우리 자식들이 아이들일 때
초등학교에서 고등학교까지 졸업식을 마치고 으레 가는 식당은 붉은 간판
동네 오래된 중화관
별식으로 탕수육과 나란히 놓인 군만두 한 접시

꺼칠꺼칠한 나무젓가락을 딱 소리나게 갈라 후룩후룩
먹던 짜장면
세월 지나도 단무지는 노란 꽃인데
갈색으로 변한 옛날 사진 군사우편 편지들
짜장면은 왜 더 진한 갈색인가

# 가을 산

산들이 산을 낳고
나무들 서로 손잡은 긴 탯줄
빨강 노랑 초록 고운 국기들
가을 운동회 한창이다
나는 조금 쓸쓸하게 초대 받은 손님
한 장 티켓도 없이 빈손으로 왔다
벼랑에 선 나뭇가지는 햇빛 비늘 눈부시다

나무와 나무 사이의 간격
그 만큼 사람과 사람 사이에도 간격을 두어야지
과욕의 고뇌 털어버린 고사목은
예수의 십자가
나도 빈 몸으로 서야지
조금 더 쓸쓸해야지
산 속에서는 바람도 빨리 저문다

붉은 희망의 씨앗들을 땅에 던져 놓고
山門을 닫는 나무들

잘 구어낸 비스킷처럼
발밑에서 부서지는 가을 소리가 난다
가을 산은 만선이다

# 감나무 아래서

감나무 그늘을 만나면
그리운 사람이 올 것 같아 쉬어가고 싶다

수없는 시행착오에 다친 무릎을 안고
찾아온 청춘도
가지마다 주먹 쥐고 있는
초록의 열매를 보라
인생의 감을 잡을 수 있으니까
거미들이 문패를 달고
벌레들이 멋대로 알을 슬어 놓아도
무성한 잎사귀 비를 가려주는
나무 아래 서면 어머니가 있었다

나무는 그저 세월 따라
단맛 드는 감처럼 살아보란다
욕심을 쥐고 버리지 못하는 내게
무성한 잎들을 떨구어버렸다

앙상한 가지 끝에 매달린 예수
완전 단맛 흐믈하게 녹는다
사랑도 이쯤 되어야지
어머니의 가슴에 박힌 옹근 씨
철없던 나를 멀리 뱉어버린다

## 출애굽기


 이집트를탈출한이스라엘민족은사십년광야를걸어갔다 젖과꿀이흐르는약속의땅을찾아서낮에는구름이해를가려 주고밤에는불기둥이길을밝혀주었다이슬같은만나를내려 주어배고픔을면해주고메추라기떼를보내어고기를먹게해 주었다목마른그들을위해바위에서생수가터져나왔다

 돈도 쌀도 핵폭탄으로 바뀌는 DMZ 너머 아픈 땅
 아침마다 하얀 쌀밥 도시락과 고기 통조림 생수를 풍선에 달아 날려보낸다
 유통기한은 딱 하루
 모아 놓으면 썩어 버리는 만나처럼
 이스라엘 민족이 40년 걸어간 길은 지금은 4시간
 우리가 만날 수 있는 길은 불과 40분이다
 잔혹한 정적이 가둔 섬
 남과 북 낮과 밤이 평안할 수 있다면
 천국에서 제일 가까운 섬
 푸른 새벽 섬사람들이 걸어올 수 있도록
 모세, 그 지팡이로 저 깊은 바다를 치라

## 벌초


추석이 가까워오면
남편 걱정은 벌초하는 일이다
그동안 해주시던 숙부도 사촌 아우도 세상을 떠난 후 이곳저곳 흩어져 있는 산소도 몰라 선산을 다녀온 날 밤 남편은 울었다
장손이 부끄럽다고
젊어서는 명절이나 건성 성묘다니고 하였는데 호기있게 걸리던 모든 시동 꺼진 노인
벌벌 큰 걱정된 벌초

살아서는 백 년도 못 살고 간
아버지 너머 또 아버지들은
죽어서는 몇 백 년을 살고 있다
풀 죽여야 되는 일이 걱정인 풀죽은 후손
제초기에 날아가는 풀잎처럼
자손들 세월도 날아가는 걸
추석이 다가오는 하늘은 깊다

# 냉장고

삼십 평 아파트 주방에 너무 큰 덩치
아들이 보내준 양문 냉장고

하루에도 몇 번씩 열어보는 문
문을 열면 환한 달빛 비추는 마을이 있다
거기는 내가 만들어 넣은 용기들이 용병처럼 모여 있다
사열하듯이 살펴보노라면 그 내용을 잊어버린 그들
이름표를 달아주지 않은 탓이다
생기 잃은 눈으로 나를 바라보는 채소들이
아직도 뿌리내리고 살아 있는 건
늘 시원한 달빛 이슬이 내리기 때문이다

또 다른 문을 열면 아득한 동토의 세상이다
검은 비닐봉지들이 적막하다
풀어보기 힘든 얼음덩이들 포기하고 문을 닫는다
열어 있다는 건 소외되기 쉬운 것이다
문 앞에 플랜카드처럼 붙어있는 메모들
기한 지난 처방전이지만 문패처럼 붙어 있다

수박도 통째로 큰 김치통도 모두 받아주는 고마움
어릴 적 엄마의 창을 열어 보듯이
하루에도 몇 번씩 등 쓰다듬듯 어루만지며
너만 믿는다

## 제4부

# 겨울 천국

# 가족사진

열네 명이 두 줄로 환하게 웃고 있는 사진
거실에 걸린 새들의 가족이다
수시로 사진을 보노라면
아직도 모이를 달라고 노란 부리를 벌리고 있는 것 같아
한없이 모이를 물어다 주고 싶다
잘 살아라 건강해라
묵은지에 물 말아 밥을 먹다가도 그들을 본다
새들은 웃음을 벗어놓고 떠났는데
새로운 둥지에서 잘 살고 있는데
기쁨이기도 그리움이 슬픔이기도 한

저녁 종소리 물고 새들은
복숭아 빛 노을 속으로 날아간다
참 잘나고 예쁘기도 한 내 새끼들
사진 앞에 서있는
푼수 엄마 기도

# 언강을 건너다

긴 밤 이야기책을 더 읽지 못하고
불을 끈 강
아무것도 보이지 않는
백지의 벌판이다

강물을 보면
돌을 던지곤 하였지
덤덤했던 어머니 가슴
강물의 상처를 생각하지 못했지

언강에 돌을 던진다
튕겨져 돌아왔지
나의 투정을 받아 줄
어머니는 없다

완강하게 얼어붙은 의지의 강
또 하나 길을 만들었다
긴 강 건너 마을로 간다

허리 숙여 조심해서 걸어야지

죽음도 삶도 갈라놓은 강
신을 벗지 않고도
나를 받쳐주는
언강을 건너다

# 할머니의 만두


할머니의 보따리는
맛있고 푸근한 추억이 담겨있다

푸짐하게 만두를 장만 할 때
명절이 다가 오고
할머니 얼굴은 환하게 불이 켜진다

잘 익은 시간의 맛이 든 김치와
부드러우면서 고소하기까지 한 두부랑
곱게 다져진 만두 속을 보며 생각난다
너 잘났다 나 잘 났다 하는 세상에
모두 작아져야 화합할 수 있다는 걸
온 가족이 새떼같이 모여 만두를 빚는다
모양은 달라도 내용은 똑같다
햇살 퍼지듯 포근한 재미

할머니의 통 큰 치마폭에 감싸이듯
꼭꼭 여민 만두는

쟁반 가득 반달로 뜨고
창밖은 섣달그믐 까만 밤이 얼어도
할머니의 손맛 뜨거운 육즙 흐르는
만두를 먹고
나이를 먹고
우리들의 명절은 끝이 난다

# 25시 편의점

낮달처럼 창백한 불빛
졸고 있는 점원 인형 같다
화장을 마친 여자들처럼
진열대에 상품들은
기다리는 서러움이 반짝인다

그 많은 상품중에 삼각 김밥
어떻게 놓아도 삼각
안정된 뿔 세개
입안으로 쏙 들어가는 저 뿔은
어느 고시생의 한 끼의 꿈

건너편 슈퍼 평상에는
만년 제대한 늙은 전우들이
— 노인의 하루는 길다
그러나 일 년은 너무 빠르다 —
그러니 12월에 한 달 덤으로
13월 슈퍼는 어떠냐고

바쁘게 뛰어가는 젊은이들
소비하는 공간
카드로 주~욱 그으면
한 시간을 덤으로 받는
편의점 25시

# 시청 앞 풍경

시청 앞 걷고 싶은 길
잎새를 떨군 나무들 무장 해제한 병정이다
오갈 데 없는 난민이 되어 모여 있는 낙엽들
하늘보다 먼 곳을 응시하는
평화의 소녀상 노숙을 끝내고 아늑한 방
작은 책상에서 일기를 썼으면
녹색 조끼를 입은 대학병원 노조원들이
사방에서 피켓을 들고 구호를 외친다
그들은 새봄 나비 떼 같다
― 수험생 여러분
끝까지 힘내세요
내일 가슴 떨리는 시험에 드는 날이구나

이 도시의 심장이 뛰는 곳
짧지만 희망의 푸른 신호등
기다리는 사람들과
나무들 가슴마다 봄을 품고 있겠지
심한 난시로 시청 건물이 기울어 보인다

그때, 재난 문자가 왔다
포항 지진 발생

# 수서역

조용한 역에서 기차를 기다립니다

지난 밤 내린 빗물 마르지 않은 눈물처럼
보도블럭이 머금고 있네요

서울이란 넓은 하늘 한 조각 아래
몇 켤레의 신발이 닳도록 깊은 발자국 찍으며
바쁘게 살아가고 있을 아이들
헤어질 때는 꽃잎처럼 예쁜 이별의 말도 못하고
보여줄 수 없는 마음의 끈에 잡힌 손
놓을 수가 없네요

엄마 보라색 열차를 타셔야 해요

우리에게 여러 정거장이 있었고
또 하나 새로 생긴 정거장 수서역에서
마음은 정거하지 못합니다
나는 15시 SRT 기차를 타고

한때 아들의 고향인 대전으로 돌아갑니다

수서역에서 떠나는 기차는
보랏빛 제비꽃을 물고 갑니다

# 달빛

설핏 잠이 깼다
방안 가득한 달빛
내 몸이 푸른 물속에 잠겨있다
멀리서 아련하게 기차 가는 소리
오늘 밤 마지막 기차일지 모른다
푸른 달빛 비늘 쌓이는 벌판
완행열차 쓸쓸한 속도로 멀어져 간다
나는 한때 이런 달빛 소리에
잠을 설치던 시절 있었지

절벽 아래로 달리는 밤차
절박한 사연 때문에 막차에 몸을 실은 손님들
한 조각 휘어진 달빛을 얼굴에 덮고
눈 감은 인형이 되어 나란히 잠들어 있다

푸른 레이저로 내 몸을 찍는 달빛
내 몸에는 맑은 물길이 생겼다
예쁜 분꽃 문신이 새겨졌다

# 할머니의 방주

 할머니의 방 자개장롱은 방주입니다
 우리의 즐거움 실어가는 배
 공작새 백조 오리 기러기 사슴 거북이 온갖 동물과 시냇물이 흐르고 곳곳에 꽃이 피어 있습니다 모두 색색으로 빛나지요
 할머니의 참 근중한 물건이지만 지금은 우리들 놀이터지요
 장롱 문을 활짝 열면 엄마가 시집올 때 해온 이불들이 아직도 숨죽이고 있는 걸 몽땅 꺼내고 장롱 속으로 들어가 책을 읽거나 춤을 추다가 펄쩍펄쩍 이불 위로 점프하지요
 싱싱한 물고기들의 낙하
 우리들 사랑이 너무 무거워 그여히 장롱 밑이 빠졌지만
 할머니는 더 깊은 우리들 사랑에 빠져 있지요
 농에다 그림을 그리다 성경책에까지 낙서를 했을 때는
 화를 내셨지만 유독 사랑의 말씀이 길었지요
 우리들 웃음소리 온 집안에 굴러다닐 때
 할머니 방주에는 봄바람 가득하지요

## 아득한 청춘

먼 훗날
우리들 몇 사람이 모였지
돼지 껍데기 안주에 소주 허름한 술집에서
그때를 회상했지

촛불을 들고 거리를 메운 군중들
해안을 향해 달려오는 파도의 이빨
낙조처럼 붉은 밤하늘
즐거운 이벤트를 즐기는 밤 같았지
파도의 함성을 아련히 들으며
변두리 조립식 공장에서
우리는 컵라면을 먹으며 야간작업을 했다
수만 개의 초를 만들며 생각했지
일회용 컵 속에 불꽃으로 버려지는
촛불에도 뿌리가 있다면
파도가 잠드는 새벽
일당을 받고 일하던 외국인 노동자와
뿌리 없는 우리도 흩어졌다

촛불 한 번도 밝혀 보지 못한
아득한 청춘

## 마른 꽃

헤어지는 친구가 선물한 스타치스 한 다발
내가 좋아하는 보랏빛 꽃이다
스타치스는 꼿꼿하게 피어있다가
그 모습 그대로 마르고 있다
벽지의 꽃처럼

창가에서 소슬한 바람 맞으며
소진된 아름다운 시간들
앙상한 가지만 남은 손잡고 있다

유효한 약속의 기다림이
바스라질 듯 위태롭다

뼈아픈 건 참아도
옛 모습 잃는 건 두려워
언젠가 내 안부 묻거든
늙지 않는 빛깔로 꽃의 속도만큼
시간을 견디고 있다고 전하라

죽음 너머로 살아 있는
스타치스처럼

# 크리스마스 선물

― 산타 할아버지 레고 60052를 주세요
벽에다 써 놓고 크리스마스를 기다리는 손자
산타는 오지 않는다는
제 아빠의 말에
엉엉 울었단다

울지 마라 아가야
엄마는 벌써 네게 줄 선물을
인터넷으로 주문해 놓았단다
너는 밤마다
키 크는 꿈이나 꾸렴

내가 손자만한 때는
크리스마스도
산타 할아버지도 없었다
겨울밤은 길고
눈은 내려 쌓이고

지금 같은 별난 세상
꿈도 꾸지 못했단다

# 눈길

눈 쌓인 길을 갈 때는
눈에 눈을 맞추며
허리를 굽혀 가야한다

한때는 눈같이 하얀 영혼을
눈같이 덮어주겠다고 하였으나
눈이 눈물 되어 흐를 때
때 묻은 허물이 섞여 있는 걸
보았다

## 영구차

영구차에 관을 싣고 차에 오른다
창가에 앉은 조카딸이
고모, 우리는 엄마를 밟고 가네
음, 괜찮아 엄마는 늘 밟히며 살았으니까

조용한 차 안에 코 고는 소리
모두 졸고 있다
며칠간 애썼다고
잠시 눈 부치라고
영정 속 올케는 아직 깨어있다

곤곤한 그리움
낡은 밥상을 버리러 가는 일이다
겨울나무들 가지에도
영구차 창에도 눈물이 흘러내리고 있다

지난 밤 내린 눈 쌓인 하얀 길
하얀 세상을 향해
영구차는 달린다

## 줄배의 추억

하루종일 외로움만 실어놓고
햇살 익어가는 물위에서
평화를 가득 실어 놓은 줄배
모두 떠나고
한 집 남아있는 수몰지구
황매화 핀 담장에
초록의 그늘 드리운 감나무들
쇠락한 집에 먼지 묻은 농기구 걸려있다
줄배로 강을 건너는 노인은
가다가 쉬며 먼 곳을 본다
물속에 잠들 이곳
천천히 눈에 담는다
소란 없는 세상을 살아온 마을
마지막 남은 이들을 위해
줄을 놓지 않을 배

지금도 줄배를 타고
집으로 가는 할머니를 보았다

한 가닥 줄을 놓을 수 없는 사람들은
세상에서 제일 작은 다리가 있다
초라해서 더욱 그리운 줄배
그 강을 건너는 마지막 손님은 누구일까

# 내가 세상 떠나는 날

저의 장례식에 오신 형제 자매님들 고맙습니다
마지막으로 대접하는 음식을 드시며 즐거운 하루 되시기를 빕니다

교우님들 연도 소리
은은한 고별 미사의 성가를 들으며
가벼워진 영혼으로 날아서
바빌론의 강으로 달려갑니다
살구 빛 노을 물든 아름다운 강
조그만 나룻배를 저어 오는 분이 보입니다
내 앞에 당도한 배에는
손등에 못 자국 보이는 분이 계십니다
그 분은 저를 배에 오르도록 손잡아 주셨습니다
저는 참 그리웠습니다 하고
그분 품에 안겼습니다
딸아 나도 너를 기다렸다 하셨습니다
나룻배가 강 건너 닿을 때
낯 익은 사람들이 손 흔들고 있었습니다

아! 그곳에 부모님과 사랑하는 형제들이
나를 기다리고 있었습니다

오랜 타향살이 끝내고
나는 드디어 고향으로 돌아왔습니다

## 눈물의 십자가

어느 해
성지 순례단 일원으로 추자도에 갔다
숨 가쁘게 올라간 정상
평화로운 수평선 아득한 바다
그 아래 대형 십자가가 보인다

매일 바닷가 갯바위 위에서 엄마가 오기를 기다렸다 파도와 함께 울며울며, 그런 세월은 가고 살아서 만나지 못한 엄마와 아들이 전설 같은 슬픈 이야기 수없이 바위를 쓰다듬고 부서지는 파도
  아들을 행해 달려오는 엄마의 혼이 실린 하얀 포말
  모자의 눈물 방울방울 상징한 듯
  생이별 한 갯바위 위에 우뚝 세워진
  눈물의 십자가

* 황사영백서帛書 사건 : 1801년 신유박해 때 조선 교회 박해를 외국에 알리려다 발각되어 황사영은 순교하고 부인 정난주(정약용의 큰형님의 딸)와 어린 아들 황경한은 제주 관목 노비로 귀양을 가게 되었다. 어미는 두 살 된 아들이 노비가 되는 것을 막고자 추자도 인적 드문 갯바위에 내려놓고 모든 운명을 하늘에 맡기고 제주도로 떠났다. 어부 오씨 부인이 아기 울음소리를 듣고 아기를 거두어 길렀다. 아기의 저고리 동정 속에서 이름과 생년월일을 적어놓아 신원 확인이 되었다. 아이는 매일 바닷가로 나가 어미를 기다리며 추자도로 들어오는 뱃편에 어머니 소식을 묻고 하였으나 어미는 만날 수 없이 안타까운 세월이 흘러 어미는 제주도에서 황경한은 추자도에서 생을 마감하였다. 비록 피 흘린 순교를 하지는 않았으나 순교자들의 삶과 같은 생애였으므로 후세 사람들은 그들을 순교자 반열에 두고 무덤 참배와 유적들을 찾고 있다.

# 머리카락

햇빛 좋은 사랑마루에서 어머니는
참빗으로 내 머리의 이를 잡아 주었다

하느님은 내가 잠들었을 때
내 머리카락을 세어 두셨다

매일 빠지는 머리카락
믿음 약한 내 뿌리 죄송하다

| 작품해설 |

# 지적인 진정성의 시학詩學
― 이사라의 시세계

조남익 시인

## 1. 여성시, 그 튀는 언어들

이사라李思羅 시인은 지금까지 『강물에 시를 쓰다』(2009)와 『시편의 강에서』(2014)의 2권의 시집을 내놓았고, 제3시집 『어느 여행자에게』를 준비하면서 해설을 청한다.

이사라와는 적지않은 기간에 시를 함께 공부하며 격려해온 터였다. 이사라는 좋은 가정을 이루고 있는 주부이며, 시세계 또한 여기에 밀착되어 있음을 부인하기 어려울 것이다. 이런 관점은 페미니즘 곧 여권주의에 의한 우리나라 여성시와도 관련이 없을 수 없게 된다.

서구의 페미니즘 비평은 영미와 프랑스의 페미니즘으로 구

분되어 있고, 열린 여성문화를 제시한다. 여성 중심의 관점에서 작품을 검토하고 비판한다.

우리의 경우도 지나치게 남성중심이었던 점을 반성하며, 여성시인들의 독특한 서정과 미의식을 평가하는 작업을 통해 양성공존兩性共存의 문학적 지평을 열고자 한다. 노천명의 시집 『산호림珊瑚林』(1938)이 지적 세련미와 절제된 언어로 여성시의 첫 지성적 시집으로 평가된다.

이사라의 시세계는 주부로서의 일상생활과 그 시적 소출을 도처에서 보게 된다. 좋은 시는 삶의 생생한 경험의 영역을 품게 마련이고 반대로 죽은 시에서는 의미가 동이지는 부분이 있다고 지적된다.

시인들에게 시대적인 미학의 갱신은 주요한 요소일 것이다. 자기만의 독특한 표현에 신경을 쓰게 된다. 흔히 말하기를 "시를 쓰려면 미당 서정주를 극복해야 하고, 시조를 쓰려면 초정 김상옥을 극복해야 한다"고 하는데, 시인들의 자기 수련을 뜻하는 말일 것이다.

이사라의 시는 그 내용의 표현이 독특함을 우선 들 수 있을 것이다. 여성 특유의 튀는 언어가 주는 매력인 것이다. 사례를 들기로 한다.

(1) 희미한 바람에도/ 올이 튀는 가을은 실크다.

—「옐로카드」일부

(2) 컵라면을 먹는 노인/ 구리 빛 얼굴에서 언뜻 스치는/ 명화 속 한 장면

— 「거리에서 명화를 보다」 일부

(3) 넘실대는 양은 주전자/ 대접 안에 넘치도록/ 채워 준/ 뽀얀 세월.

— 「막걸리 DNA」 일부 (제2시집에서)

위의 간단한 인용에서 보듯이 재기있는 시적 내용이 도처에서 발견된다. 문학작품의 직관直觀을 가리켜 "정신이 한 대상에 집중하면서도, 별도로 자기 자신에 대하여 가지는 배려"(베르그송)라고 한다. 그러니 그 '배려'가 튀는 언어일 때 시의 긴장은 전혀 새롭게 된다.

이사라의 언어는 천부적으로 풍부한 편이다. 그의 외래어 사용도 큰 몫을 하며, 이는 시인의 젊음을 과시하는 효과도 줄 것이다.

(1)의 제목 '옐로카드'는 심판이 선수를 경고할 때 내미는 카드로 축구에서는 노랑딱지라고 한다. '실크'는 견사, 견직물로 이른바 '비단실'이다. 명주실로 윤이 나게 짠 피륙의 총칭이 '비단'인데, 가을을 '비단'으로 감각화한 표현이다.

(2)에서는 컵라면 먹는 노인을 '명화 속의 한 장면'으로 비약시킨다.

(3)에서는 '뽀얀 세월'이 섬찟한 직관을 돌출시켜 시상의 발상이 신선한 국면을 여는 효과를 낸다.

사실 시적 언어란 기성화된 의미에 반발하는 언어다. 이사

라 시인은 이러한 시의 특성을 효과적으로 응용한다. 다음은 첫시집에서 인용한다.

> 서울로 가는 금강송松
>
> 수령 백십 년
> 맑은 바람
> 순한 땅에서
> 곧게 자랐다
> 훤칠하게 빼어난 용모
> 발탁되어
> 임금님 계신 서울
> 숭례문 광화문
> 대들보로 간택되었다
>
> 곧고 충직한 붉은 마음
> 복원되는 민족의 지존으로
> 다시 태어나고자
> 그의 몸을 바치다
>
> 황장목黃腸木
> 어명을 받드시오
>
> ―「어명이요」 전문 (제1시집에서)

이 시는 제목부터가 튀는 제목이다. 내용도 시적 운치가 잡혀져 있다.

이 시의 '금강송'은 이른바 적송赤松이다. 1930년대 일본 산

림과학자의 명명으로 금강산 지역의 소나무를 가리키는데, 황장목산의 경북지역과 겹친다. 금강송은 목질이 견고하고 대패질을 해놓으면 윤기가 흐르며 나무를 켠 뒤에도 굽거나 트지않아 대궐 사찰 등의 건물에 쓰인다.

경북 봉화군 봉화역과 춘양역에 재목들이 모인 후 전국에 공급되는데, 그 지명을 따서 '춘양목'이라 부르기도 한다.

금강송은 생육기간이 200년을 헤아리기도 하며, 길이가 37자(11m), 직경이 70~80cm가 되어 왕실의 관곽棺槨을 만드는 데 쓰이므로 이를 '황장목'이라 하였다. 형질이 또한 황적색이 있다. 이 시는 수령 백 십년의 금강송이 화재 입은 숭례문의 대들보로 '간택'되어, 민족의 지존으로 몸을 바치고자 한다며 '어명을 받드시오'에 이른다. 참신한 발상의 시라고 하겠다.

## 2. 일상생활의 '숨은 신神' 일깨우기

현존이란 언제나 과거라는 블랙홀 속으로 미끄러져 들어간다. 시는 필연적으로 삶의 경험에서 자유로울 수가 없다. 그러나 일상생활에서 '숨은 신'을 일깨우는 것은 역시 시인의 사명인 것이다.

이사라 시인의 시에는 주부로서의 생활과 그 경험이 주류를 이룬다 해도 과언이 아닐 것이다. 시의 제목에 투영된 것만 봐도 짐작할 수 있다. 「아궁이」「냉장고」등 적잖게 추려

볼 수가 있다.

  이런 현상은 여성시인의 경우 서로 비슷하겠지만 사회생활을 하는 이들과 그렇지 않은 분과의 차이가 있을 것 같다. 이사라 시인은 전업주부에 속할 것이다.

  그러나 이사라는 천주교의 신자로서 종교적 신앙과 그 정신적 배경은 물론 특히 대전성모병원에서 무려 30여 년간을 봉사활동에 전념해 왔다.

> 지구는 어느 행성에서 부서진 파편일까
> 밤 하늘의 별들은 축배의 잔이 부서진
> 크리스탈 조각들
>
> 사람 사는 마을에서
> 부서지지 않는 것 있을까
> 남의 불행에 위로받던 내가
> 남의 불행에도 위로가 되어줄 차례
> 희망을 미워하지 않는 조각들
> 어느 날
> 착한 햇빛이 허리를 굽혀
> 너를 찾을 때
> 반짝 눈 뜨고
>
> 누더기 같은 실금들은 모두 깨져 버려라
> 깨진다는 건
> 또 하나 생명이 생기는 일이다
> 더운 피가 흐르는 일이다

지구는 창마다
　　예쁜 빛깔 스테인드 글라스
　　빛나는 별
　　노숙자들
　　아침은 일어난다

　　―「깨진 것들은 빛나고」 전문 (제2시집에서)

　이 시는 제목부터가 반어법의 표현. 표현하려는 본뜻과는 반대되는 뜻으로써 문장의 변화를 한결 높이려는 수사법이다. "누더기 같은 실금들은 모두 깨져 버려라/ 깨진다는 건/ 또 하나 생명이 생기는 일"(3연)이 그 핵심이라고 하겠다. 긴 설을 위한 파괴의 예찬인데 그것이 행성에서 떨어져 나온 지구(파편)로부터 시작된다.「깨진 것들은 빛나고」에서도 그의 '숨은 신'은 절망을 넘어선 새로운 희망을 제시한다.

　이사라 시인의 일상생활에는 보통의 주부들처럼 가족과 가정, 이웃과 사회, 종교와 사랑 등 적지않은 일상이 시에 잡혀져 나온다. 그러나 그 일상에는 모성의 공간이 있고, 예민한 여성의 감각이 움켜쥐는 포용력이 작용한다. 불가사의한 일상을 예민하게 감득하는 여성적 감수성을 보게 된다.

　좋은 시가 생생한 경험의 소산이라고 하지만, 그 경험의 세속성이나 사적私的 편견에 빠졌을 때는 오히려 유해한 요소임을 우리는 알고 있다. 시는 여전히 '선적인 경지'를 넘어 깊은 사색과 사상의 물방울에 이르러야 하며, 그 표현의 공공성公共性의 구름을 놓쳐서는 안 되기 때문이다. 여성시의 예민한 감수성이 오히려 장애를 경계할 때도 있을 것이다.

앞에서 말한 것처럼 이사라에게는 주부로서의 경험의 세계가 상당량을 점하고 있다. 이것이 그의 시에 어떤 성과가 되고, 어떤 폐단에 이를지는 전적으로 그의 몫이라 해도 될 것이다.

시 쓰기는 자아自我 찾기란 말이 있다. 그 자아의 발견이란 언어의 표현으로 어떤 비전을 찾아야 하는 것이 시쓰기라 해도 될 것이다. 나날의 삶에서 언어는 긍정적 기능을 하기도 하지만, 무정의 심술을 부리기도 한다. 이 언어 속의 자아는 현실적 나의 인격임은 물론 작품속에 심대한 영향을 끼친다.

시인은 끝없이 '참된 나'를 찾으며 성장하는 길에 서야 한다. 그것이 일상생활의 '숨은 신' 일깨우기인 것이다.


### 3. 시인의 길

이사라 시인의 시세계는 '순례자의 길'로 정의할 수 있을 것이다. '순례巡禮'란 종교상의 여러 성지城地와 영지靈地 등을 찾아 다니며, 참배하는 일인데, 이사라는 그의 작품에 종교적 경외감과 시인적 친밀성을 함께 구유하면서 사색의 장을 펼치고 있기 때문이다. 그러나 그의 시심은 신앙적인 집착이나 그 편견에 함몰되지 않은 경건한 생활감정이나 윤리에 밀착되어 나타난다. 말하자면 시인에게는 겸손한 순례자의 경모와 의지가 배어 있고, 시심의 통렬한 관찰로 이어진다.

성당 꼭대기
두 팔 벌린 예수님 상

밤마다 내려오시어
이 동네 저 골목 돌아보시네
잠그지 않은 문도 닫아 주시고
꼬리 흔드는 강아지도 쓰다듬고
병자의 머리도 만져보시네

많은 별 중에
오직 푸른 별을 위해
기울어지지 않도록
못 박으셨네

밤마다 찾아가는 골고타 언덕
새벽이 오면 상처투성이 발을 씻고
고요히 두 팔 벌리고
아무 일 없다는 듯
서신 채로 잠드셨네

―「예수상」 전문 (제2시집에서)

  위의「예수상」이란 작품을 살펴보면 예수가 선한 '사랑의 화신'으로 객관화 된다. 구세주의 구체적 모순이 친근하게 다가온다. 작품의 효과도 높은 편이며, 도타운 순결이 또한 감동을 자아낸다. 청초한 시인의 길인 것이다.

여행을 떠나야한다는 그대
혹시 흐린 날이나 바람 부는 날
혹시 목적한 곳이 황량한 곳이라도
실망하지 말아요

길을 잃어버린다 해도
새로운 길은 언제나 보이는 것
우리를 살게 하는 건 그리 큰 것도 아니기에
상처는 치유하기 위한 것이기에
그대가 지친 새가 되어 문을 두드리면
곧바로 열어 주려고
계단에서 늘 기다리는 사람 있으니
그대의 배낭에는 따듯한 돌 하나면 되리라
어느 허름한 여인숙에 하룻밤 묵는다 해도
여행자로 떠난 그대
거룩한 순례자의 길로 돌아오라

병약한 사람으로 떠났으나
청년이 되어 돌아오라
한잔 낮술에 익은 얼굴로

―「어느 여행자에게」 전문

 시와 자유로운 정신, 그리고 상상력의 연결은 많이 일컫는 말이다. 특히 상상력은 두 대상을 연결하는 힘이기도 하고, 시인은 비유의 힘을 빌어 두 대상을 하나로 연결한다.
 상상력을 키우기 위해서는 천진난만한 어린이의 눈으로 난생 처음보는 것처럼 살펴야 한다.

일견 알 수 있는 것처럼 「어느 여행자에게」는 상상력이 시의 주축을 이룬다. 세속적 상식과 통념이 사라지고 나만의 창의성이 한 편이 시가 되고 있다.

여행을 떠나는 '그대'에게 주는 말이 '새로운 길' '지친 새'로 표현되며, "여행자로 떠난 그대/ 거룩한 순례자의 길로 돌아오라"고 한다. 특히 "그대의 배낭에는 따뜻한 돌 하나면 되리라"의 이 핵심 구절은 바로 상상력의 일품이라고 하겠다.

의미의 결합과 그 성취도는 이사라 시의 한 표본이다. 그에게는 서정적 묘사보다는 이 지적인 진정성에서 빛난다. 쉽게 말하면 손재주로 쓰는 시가 아닌 것이다. 이사라의 경우 「언강을 건너다」에서는 세속적 상황의 세계가 아니다.

긴 밤 이야기책을 더 읽지 못하고
불을 끈 강
아무것도 보이지 않는
백지의 벌판이다

강물을 보면
돌을 던지곤 하였지
덤덤했던 어머니 가슴
강물의 상처를 생각하지 못했지

언강에 돌을 던진다
튕겨져 돌아왔지
나의 투정을 받아 줄

어머니는 없다

　완강하게 얼어붙은 의지의 강
　또 하나 길을 만들었다
　긴 강 건너 마을로 간다
　허리 숙여 조심해서 걸어야지

　죽음도 삶도 갈라놓은 강
　신을 벗지 않고도
　나를 받쳐주는
　언강을 건너다
　　　　　　　―「언강을 건너다」 전문

　그의 창의성은 "불을 끈 강/ 아무것도 보이지 않는/ 백지의 벌판"(1연)에서 다시 "죽음도 삶도 갈라놓은 강"(종연)이 된다. 비현실적 상상력이 시의 재미가 되고 뜻을 이룬다. 시에서 새로운 의미를 발견하고 그 가치에 대한 의미 부여는 곧 시의 생명력을 좌우한다.

### 4. 달관의 경지와 품격

　시의 가치는 문학적 논의와 내용을 검토할 때, 거의 빠지지 않는 항목이다. 미적 가치와 의미 추구의 상호작용이 바로 시의 독법이라 할 수 있을 것이다.
　시의 진정성眞情性은 감동적 요소로서 독자의 요구라고 할 수 있을 것이다. 시의 수식이 아무리 복잡할지라도 거짓이 없는 참된 정서, 애틋한 마음의 깊이는 시의 진실성 바로 그것이다. 시의 본질이라 하여도 과언이 아니다.

아마도 여성시의 언술자세는 남성시에 비하여 시의 진정성이 앞서지 않을까 생각해 볼 수도 있다. 여성시의 섬세한 감수성은 일반적으로 남성시를 앞설 수 있기 때문이다.

이사라의 경우는 지적인 설득력이 강한 진정성일 것이다. 현대시의 기법상 단면일 수 있고, 시인의 문학적 체질과도 상관성이 있을 것이다.

(1)
햇빛 좋은 사랑마루에서 어머니는
참빗으로 내 머리의 이를 잡아 주었다.

하느님은 내가 잠들었을 때
내 머리카락을 세어 두셨다.

매일 빠지는 머리카락
믿음 약한 내 뿌리 죄송하다.

―「머리카락」 전문

(2)
돌돌 말고 맹자 생각하는 국수
나도 같이 공자 생각한다
국수 맛으로 먹을까

소스 맛으로 먹을까

매끄럽게 넘어가는 면발
사는 일도 이렇게 쉽다면
긴 면발 풀리는 동안
진부한 대화는 생략하자
사는 일은 계속되어야 하니까

이렇게 저렇게 생각해도
찬밥 같은 세상은 아니다
사는 것이 맹맛이라도
상큼한 소스 같은
세상 즐거움
공자 왈 맹자 왈

―「메밀 국수」 전문 (제2시집에서)

  이 시에서도 독특한 인생론이 시의 즐거움을 더한다. 일찍이 "시는 언어를 가지고 인생을 모방하는 예술입니다"(아리스토텔레스)라고 했지만, 시의 인생론이 여성 특유의 긍정정신의 터전에 있음을 볼 수 있다. 그리고 앞에서 본 것처럼 상투적인 고정관념을 벗어난 의미의 신선함일 것이다.

  (1)「머리카락」은 우리의 상식을 초월한다. "매일 빠지는 머리카락/ 믿음 약한 내 뿌리 죄송하다"는 표현은 하느님 앞에서 내 '죄'를 고백하는 내용치고는 그 특이한 발상이 우리를 압도하는 감이 있다.

(2)「메밀 국수」에서는 이 세상에 대한 삶의 긍정이 노래로 승화된 작품이라고 할 것이다. "세상 즐거움/ 공자왈 맹자왈"(종연)은 '메밀 국수'를 맛있게 먹는 우리네의 정서를 소리로 고양시키고 있기 때문이다. 시의 진정성의 감동과 품격이 '노래'에까지 이른 셈이다.

 세상을 달관達觀한다는 것은 누구나 원하는 것이겠지만, 그리 쉬운 일이 아닐 것이다. 더구나 그것이 시로 표현되고 깊이를 지니게 된다는 것은 미학에서 직접적으로 지각하는 관조觀照와는 또 다른 면일 것이다.

 이사라는 그의 시「내가 세상 떠나는 날」에서 이 세상 최후의 '하직 인사'를 보이고 있는데, 이 또한 특이한 달관의 경지를 주목하게 한다. 그것은 빛나는 시인의 언어라고 하겠다.

> 헐어지고 무겁던 육신 벗어 놓고
> 가벼워 진 영혼으로 날아서
> 바빌론의 강으로 달려갑니다
> 살구 빛 노을 물든 아름다운 강
> 조그만 나룻배를 저어 오는 분이 보입니다
> 내 앞에 당도한 배에는
> 손등에 못 자국 보이는 분이 계십니다
> 그 분은 저를 배에 오르도록 손잡아 주셨습니다
> 저는 참 그리웠습니다 하고
> 그분 품에 안겼습니다
> 딸아 나도 너를 기다렸다
> 나룻배가 강 건너 닿을 때

낯익은 사람들이 손 흔들고 있었습니다
아! 그곳에 부모님과 사랑하는 형제들이
나를 기다리고 있었습니다

오랜 타향살이 끝내고
드디어 고향으로 돌아왔습니다

― 「내가 세상 떠나는 날」에서

세상을 하직한다는 뜻에는 '죽음'을 높이어 별세別世라고도 하는데 이 시는 바로 그런 내용을 담은 것이라고 하겠다. 이 세상은 '오랜 타향살이'의 삶이었던 것이다. 슬픔이니 회한이니 하는 어휘가 전혀 보이지 않는 것은 이 때문이다.

이사라의 시인적 정신과 기질이 깊고 경모스러움을 보인다.

서정은 미래를 향해 끊임없이 현재형으로 진화한다. 시에서도 시의 자율성, 실험정신, 새로움 등의 진취정신이 필요하며, 현실 및 삶의 제반 문제와 어떤 식으로든 밀착해야 한다는 방향성이 있게 된다. 이사라의 시세계도 이런 현대감각의 맥락을 짚지 않을 수 없다.

이사라는 시인적 바탕과 집념이 깊은 시인으로서 《창조문학》(2008)에서 등단한 이후 3권의 시집에 이르는 중견시인이다. 시의 언어적 기품과 성취에서 누구보다도 일깨우는 바가 있고, 그의 시는 끝없는 여행자의 길에서 시적 달관의 경지와 품격을 구현한다. 깊은 종교적 내밀성과 지적인 진정성은 그의 신학의 주요한 축으로 심화되어 시의 질을 주체적으로 높인다.

  우리나라의 여성시는 남성시와의 양성구유兩性具有에의 지향을 보인다. 근자에 여성시인들은 뚜렷한 진출을 보이며, 활발한 작품성과를 보인다. 이사라 시인은 우리 주변에서 떠오른 새로운 여성시의 희망이라고 해도 과언이 아닐 것이다.

  그의 시혼에는 예술성과 사상성의 양면성이 함께 투시하며, 새로운 시적 충격, 감동, 깨달음을 주는 끝없는 자아발견의 숨결을 느끼게 한다. 시적 성취가 더욱 고무되었으면 한다.

이른시인선 008

# 이느 여행자에게
ⓒ 이사라, 2021

**발 행 일**　1판 1쇄 2021년 5월 10일

**지 은 이**　이사라
**발 행 인**　이영옥
**편　　집**　김보영

**펴 낸 곳**　도서출판 이든북
**출판등록**　제2001-000003호
**주　　소**　대전광역시 동구 태전로 30 광진빌딩 2F
**전화번호**　(042)222-2536
**팩시밀리**　(042)222-2530
**전자우편**　eden-book@daum.net

ISBN 979-11-6701-045-2  03810
값 10,000 원

* 잘못된 책은 바꾸어 드립니다.
* 이 책 내용의 일부 또는 전부를 재사용하려면 반드시 저자와
  이든북 양측의 동의를 받아야 합니다.

* 이 책은 2021년도 대전광역시 대전문화재단 에서 사업비 일부를
  지원받아 발간하였습니다.